I0003074

www.ingramcontent.com/pod-product-compliance
Lightning Source LLC
Chambersburg PA
CBHW031224050326
40689CB00009B/1461
9781095684894